君たちはどう乗り越える？

世界の 対立に挑戦！

監修●小林 亮

2

どちらの権利を守るべき？

かもがわ出版

もくじ

テーマ❶

イスラム教の女性のスカーフは 権利を侵害 している？

女性の保護 VS 女性の自由

この本の見方　この本は1つのテーマを4見開きで展開しているよ。

1 どんなことがきっかけで、どんな対立が起こったのか、あらましを伝えています。

対立の背景となったことがらを解説しています。

2 対立をしている両方の立場と言い分を、説明しています。

対立の構図を図式化しています。

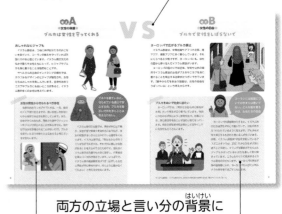

両方の立場と言い分の背景について解説しています。

3　対立の原因をさらに深くさぐっています。

子どもたちがそれぞれの視点から解決への道をさぐります。あなたも考えてみてください。

4　このテーマの問題点を整理しています。

発展的な話題を出しています。

これからどうするとよいか、意見が出ています。あなたも意見を出してみてください。

どうして世界は対立してしまうの？

　世界では多くの争いが起きています。ロシアによるウクライナ侵攻(しんこう)は解決のめどが立ちません。イスラエルとパレスチナのあいだの紛争(ふんそう)にも、解決のいとぐちは見えていません。世界各地でこうした衝突(しょうとつ)が起こり、犠牲者(ぎせいしゃ)が出続けているのはなぜでしょうか。それは文化や民族によって「何が正しいか」という価値観(かちかん)が異(こと)なるからです。対立するどちらの側も「自分たちは正しいのに、あちらは道義的にまちがっている」と考えているからです。このような対立は、地球温暖化(おんだんか)など人類が協力して取り組まなければならないグローバルな課題（SDGs）に効果的に対処(たいしょ)する上で障壁(しょうへき)になっています。それでは「正義の対立」を乗り超え、国家や民族が平和に共生していくためには何が必要なのでしょうか？　本書では「正義の対立」の具体的な事例をいくつか取り上げ、対立する立場それぞれの言い分を紹介します。そして対立の構図をどうしたら乗り越えてゆけるかを一緒(いっしょ)に考えてゆきます。みなさん自身も本書を読み、あなたと異なる道徳観をもった人々とどう共生できるかを考えてみていただけたら幸いです。

小林 亮

わたしたちは、考え方のちがいで、だれかの人権を無視していないかな？

わたしたちが生きている世界では、
いつもなんらかの対立が起きている。

新しいルールを決めようとするとき、
何か課題を解決しようとするとき、
文化や歴史、立場によって価値観が異なる
国どうしで、あるいは、同じ国のなかでも
対立が生まれてしまうことがある。

そして、それぞれ自分たちの意見や価値観が
正しい、正義だと主張するから、対立は深刻化してしまう。

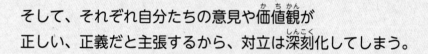

でもそもそも、自分にとっての正義が、かならずしも
相手にとっての正義とは限らなくないかな？
正しさって、本当にひとつしかないのかな？

もし、ある国の人びとが、女性を大切にしようと思って決めたことが
女性の自由をうばっているとしたら？
もし、言論や表現の自由として公に表したことが、特定の宗教や
国の人びとがいやがるような内容だったら？
また、大きな犯罪には大きな罰をあたえてもよいとされているけれど、
犯罪をおかした人の命をうばってもよいのかな？
かたほうの正義は、もうかたほうの人権を侵害しないのかな。

この巻では、3つの話題を取り上げて、正義と人権について考えてみるよ。
さあ、次のページから見ていこう。

イスラム教の女性のスカーフは権利を侵害している？

女性の保護 VS 女性の自由

イスラム教徒の女性が身に着けるスカーフをめぐって、
ヨーロッパやイスラム教の国で、さまざまな問題が起きています。

クラスに、サヘルさんという転校生が
やってきました。頭にスカーフをしています。
お父さんはインドネシアの出身で、お母さ
んが日本の人。サヘルさんの一家はイスラ
ム教徒です。

クラスメイトたちは、サヘルさんのスカー
フ姿が気になるようです。先生はこの機会に、
クラスのみんなでイスラム教について、勉
強することを提案しました。

イスラム教って、どんな宗教なの？

現在のサウジアラビアの都市、聖地メッカで
生まれた商人ムハンマドが、7世紀に神（アッ
ラー）からのお告げを受けて、始まった宗教です。
神からの言葉を記したイスラム教の聖典「コー
ラン」には、神と人間の関係や、人間がとるべき
行動、禁止すべきこと、良いことと悪いことなど
が書かれています。イスラム教徒はその教えを守
ることで、神を信じる気持ちを表します。世界で
約20億人の人が信仰しています。

サヘルです。日本で育っ
たので、日本語は話せま
す。みなさん、今日から
仲良くしてください！

今日からよろしく！
きれいな
スカーフだね！

でも、どうして
スカーフを
つけているの？

イスラム教徒の生活

イスラム教徒は聖典「コーラン」に書かれているきまりを守って生活しています。よく知られているものに「1日5回メッカのほうを向いてお祈りする」、「自分より貧しい人やこまった人を見たら助ける」、「酒を飲まない」、「ぶた肉を食べない」といったものがあります。

コーランでは女性の服装についても書かれています。サヘルさんがスカーフをかぶっているのは、コーランに書かれていることを守っているからなのです。

わたしはイスラム教の教えにしたがってスカーフで髪をかくしているの。イスラム教徒は「ヒジャブ」ってよぶよ。

イスラム教徒の女性の服装

コーランには「女性の美しい部分をおおいなさい」と書かれています。女性は守られるべき存在で、家族以外の男性から体をさわられたり、傷つけられたりしないようにという考えからです。

けれども、どのような服装をしたらいいのかはコーランに書いていません。そのためイスラム教の女性の間でも、地域によって服装にちがいがあります。もっとも広く用いられているのは「ヒジャブ」です。サウジアラビア、イエメンなどでは「ニカブ」を着ます。アフガニスタンなどの一部の地域の女性は「ブルカ」を着ています。

イランとアフガニスタンでは、こうした服で髪やからだをかくすことを女性に義務づけています。ほかの国では服装の義務はなく、イスラム教徒でも、髪をかくさない女性もいます。

ヒジャブ
髪の毛と首をおおう。トルコ、インドネシア、マレーシアなど、イスラム諸国全般で着用されている。

ニカブ
目だけが見えるように顔を布でおおう。サウジアラビアやイエメンなどで着用されている。

ブルカ
体全体をすっぽりとおおう。目の部分がメッシュになっている。アフガニスタンやパキスタンの一部の地域で着用されている。

●女性の保護●

ブルカは女性を守ってくれる

おしゃれなヒジャブも

　イスラム教徒は、つねに神が自分たちのおこないを見ていて、コーランの教えを守っていれば天国に行けると信じています。イスラム教の文化のなかで暮らす女性たちにとって、ヒジャブやブルカを身に着けることは自然なことです。

　サヘルさんの出身のインドネシアの都市では、カラフルなデザインのヒジャブが販売され、女性たちはおしゃれを楽しんでいます。全身をおおうニカブやブルカにも良いところがあると、イスラム教の多くの女性は考えています。

女性は男性から守られるべき存在

　全身をおおうニカブやブルカは、一見、動きにくく不便に見えますが、強い日差しや砂ぼこりから身を守る役目も果たしています。また、全身がかくれるため、男性から顔やファッションをジロジロ見られることがありません。見た目で自分を評価されることがないので、ブルカを着ていたほうが堂々とふるまえると感じている女性もいます。

ブルカを着ていると、守られている感じで安心するの。ブルカを着ないで外を歩くことは考えられない。

　イスラム教の文化圏では、男性が外に出て働き、女性が家で家事や育児をおこなうなど、男女の役割がはっきりと分かれている国が多くあります。イスラム教では、「男女はからだのつくりがちがうのだから、それぞれに適した役割がある」と考えられてきたためです。現在はイスラム教の文化圏でも大学に進学し、卒業後は仕事につく女性が増えています。いっぽうで、イスラム教の価値観を受けつぎ「必ずしも女性と男性が同じ教育を受け、同じように働かなくてもよい」と考える女性もいます。

考えB
●女性の自由●
ブルカで女性をしばらないで

ヨーロッパで広がるブルカ禁止

イスラム教徒は、中東地域やアフリカ北部、南アジア、東南アジアに多く暮らしています。それにくらべると少数ですが、ヨーロッパにも、ほかの国から移り住んだイスラム教徒がいます。

ヨーロッパの国ぐにでは近年、学校や公共の場所でイスラム教徒の女性がブルカやニカブを身に着けることを禁止する法律が次つぎにできています。「顔やからだをおおう服装は、女性の自由をうばっている」という考えからです。

ブルカをぬいで社会に出たい

ヨーロッパでは、「男性も女性も同じ権利がある」という考えが広く根づいています。性別にかかわらず同じように教育を受け、仕事につき、同じ賃金を得ることが当たり前になっています。会社の経営者や政治家として活やくしている女性もたくさんいます。

コーランには服装についてのきまりは書いてない。どんな服を着るかは、女性たちの自由。

ヨーロッパの価値観からすると、イスラム教の社会は男性が中心で動いていて、女性がおさえつけられているように見えます。ブルカも女性を抑圧するものだと感じる人が多くいます。実際、イスラム過激派＊が国を支配しているアフガニスタンでは、2021年から女性が大学に通うことを禁じ、イランでは警官がきちんとヒジャブをかぶっていない女性を厳しく取り締まっています。こうしたやり方に反発するイスラム教徒の女性もいます。ヨーロッパの男女平等の価値観にふれ、ヨーロッパの人びとと同じような服を着て過ごす人もいます。

＊イスラム過激派…イスラム教徒のうち、自分たちが望む政治を実現するため、暴力でうったえるグループ。

このルールは女性のため？

女性を守るイスラム教の慣習

　6～7世紀、中東地域では戦闘がたびたび起こり、男性たちは戦いに出ました。この時代はどこの国でも、家に男の子が生まれることが名誉とされ、女の子は歓迎されていませんでした。

　そんななか、男女それぞれに適した役割があることを唱えたコーランは、男女平等をめざすものだったといえます。そして服装のほかにも、女性を危険から守るためのさまざまな慣習もできました。たとえば、女性が旅に出るときには男性の家族がつきそう、大勢の人が集まる場所では、男性と女性の席を分けるといったことです。時代が変わった今でも、イスラム教徒の多い国では、こうした慣習を受けついでいるところがあります。

▶ 考えてみよう！　テーマ1　女性を守るルール、どう思う？

イスラム教徒の女性が、全身をおおう水着を着て泳いでいるのを見たことがある。はだを見せるのははずかしいから、いいなと思う。

守ることと、制限することはちがうよね。旅行するとき親族の男性がつきそわないとダメっていうのは不便では。

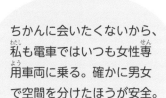

ちかんに会いたくないから、私も電車ではいつも女性専用車両に乗る。確かに男女で空間を分けたほうが安全。

女性のルールは、女性たちが話して決めるのがいちばんだと思う。

イスラム教の女性に関わる慣習や、イスラム教の国で起きたできごとについて調べ、二つのテーマについて考えてみましょう。

ヒジャブをぬいで自由を求める女性たち

こうした慣習はもともと女性を守るためにできたものです。けれども、イスラム教徒の女性のなかでもこれまでの慣習にとらわれず、自由に行動したいと考える人は少なくありません。現在はイスラム教徒であっても、男性のつきそいなく一人で旅をしたり、海外に留学したりする女性も増えています。

サウジアラビアでは、女性の行動に厳しいルールが決められています。女性は車を運転したり、夫の許可なくパスポートや銀行口座をもつことができませんでした。しかし、そうしたルールに反対する女性の声が大きくなり、現在は女性の権利を認める改革が進められています。

テーマ2 ヒジャブやブルカは女性の自由をうばっている？

ヒジャブをするかしないかは個人の自由だと思う。信仰はだれかに強制されるものじゃないよ。

ヒジャブをつけるのが義務でなくても、まわりのみんながつけていたら、はずしづらいと思うな。

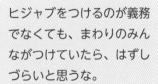

ブルカは顔が見えないからこわいと感じる人もいるかも。でも女性が顔を見せたくないなら着用すればいい。

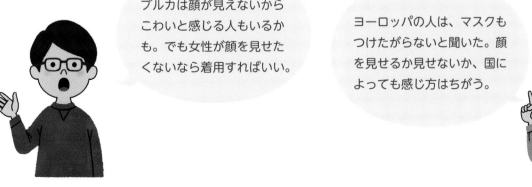

ヨーロッパの人は、マスクもつけたがらないと聞いた。顔を見せるか見せないか、国によっても感じ方はちがう。

女性の自由と保護、どう考える?

女性差別をなくす　異なる文化を認める

イスラム教の文化圏では、女性を守るはずの慣習が、自由を制限したり権利を侵害したりしてしまっていることがあります。けれどもイスラム教が女性を差別する宗教、というわけではありません。

現在、コーランを研究している学者の多くは、「イスラム教では男女はからだのつくりはちがうものの立場は平等だとしている。今起きている女性差別はイスラム教とは関係なく、もともとその地域にあった価値観が生みだしているもの。時代にあわせて変わっていくべきだ」と考えています。女性差別はイスラム教の国だけでなく、世界のあちこちで起きていることです。こうした差別をなくすと同時に、異なる文化を認め合うことが大切です。

調べてみよう! 2015年に国連が採択した持続可能な開発目標SDGsでは、「男女平等」や「多様な文化の尊重」を目標のひとつに定めているよ。

SDGsでは、女性への差別がなくなる社会、さまざまな文化や宗教への理解のある社会をめざそうとよびかけている。どうしたら男女平等で他宗教を尊重する社会をつくれるかな?

女性の政治家が増えて、女性の意見が通りやすくなったらいいなと思う。

力が強い女の子だっているし、手先が器用な男の子だっている。役割を男性と女性で分けなくていいと思う。

男性は女性がいやがることをしない。女性も男性がいやがることをしない。みんながそれを守れば安心してくらせる。

日本にも女性差別はある？

現在の日本では、女の子も男の子も学校に行き、大人になると男性と同じように仕事をすることが当たり前になってきています。いっぽうで「家事や子育ては女性の役目」といった考えが昔からあります。これを差別だととらえる人と、性別によって役割がちがうことはしかたない、と考える人がいます。

また日本に古くから伝わる儀式や祭りのなかには、男性中心でおこなわれ、女性が参加できないものも多くあります。現在の時代にあわせて変えたほうがいいという考えと、昔から大切に引きつがれてきたやり方なのだから変えなくてよいという考えがあります。

たとえば…

●重要な役職につく女性が少ない

日本の会社ではヨーロッパやアメリカにくらべて重要な役職につく女性が少ないというよ。これは差別だと思う。

VS

女性は、妊娠出産する機会があるかもしれない。そのとき、仕事を休まざるをえない。そう考えて、女性自身があえて重要な役職についていないのだと思う。

●大相撲の土俵に女性が入れない

大相撲の表彰式で、女性の県知事が優勝旗をわたすとき、女性は土俵の中に入ってはいけないきまりだから土俵の外でわたしたと聞いたよ。女性差別だと思うな。

VS

伝統行事には、行事が発生した当時の価値観をそのまま継承することに意味があるから、なにからなにまで現代の価値観を反映しなくてもいいのでは…。

表現の自由はどこまで許される?

表現の自由 VS 宗教や文化を敬う気持ち

フランスでは、雑誌に掲載されたある絵がきっかけで、凄惨な事件が起こってしまいました。
事件のあと、表現の自由をめぐる議論が起こりました。

5年生のクラスは、社会の授業で日本のもっとも大切な決まり「日本国憲法」について勉強し、「表現の自由」があることを知りました。

表現の自由とは、「自分の気持ちや考えを、さまざまな方法で伝えられる自由」のことです。国や強い力をもつ人が、正当な理由なく「そんな考えはおかしい」といって、やめさせることはできません。

日本国憲法が保障する「表現の自由とみんなの幸せ」

表現の自由があるからといって、他人を傷つけたり、その人の生活をおびやかしたりするのはいけないことです。日本国憲法では、公共の福祉（みんなが安心して幸せにくらせること）をこわすような場合は、表現の自由を認めていません。

たとえば、だれかがひみつにしていたことをSNSでさらすことや、特定の人や民族、国民をひどい言葉でののしることは、許されていません。

わたしたちはだれでも自分の意見をもち、それを自由に表現することが、認められているんだよ。

「表現の自由」があるから、思ったことは何でも自由に発言していいんだね。

でも、自分の悪口をいわれたら傷つくよ。自由だからって、人を傷つけてもいいのかな?

文化、宗教によって異なる「表現」の受け止め方

世界には、さまざまな文化、宗教、習慣があります。住んでいるところや生まれ育った環境がちがえば、ものの考え方もちがいます。そのため表現をする側にはそのつもりはなくても、ほかのだれかが生きていくうえでよりどころにしている、大切なものを深く傷つけてしまうことがあります。

フランスではこんな事件が起こりました。

シャルリ・エブド襲撃事件とは？

2015年1月7日、フランスの週刊誌「シャルリ・エブド」の本社がイスラム教過激派*¹の男たちにおそわれました。編集長はじめ12人が殺され、多くのけが人が出ました。

犯人の男は、シャルリ・エブドがイスラム教*²の預言者（神様から言葉をたくされた人）である、ムハンマドの風刺画（おもしろおかしくからかった絵）をのせたのを見て、イスラム教をぶじょくされたと感じ、おこって犯行におよんだのです。

フランスではこの事件を、表現の自由をおびやかすテロ（自分たちの主張を通すために暴力でうったえること）だとして、抗議活動が広がりました。同時に、「表現の自由のためなら他人が大切に信仰している宗教をからかったりしてもいいのか？」という声も高まりました。

＊1　イスラム教過激派…イスラム教徒のうち、宗教の教えや自分たちが望む政治を実現するため、暴力でうったえるグループ。
＊2　イスラム教…7世紀初めにアラビアのムハンマドという預言者が、神（アッラー）から言葉を授かり、広めたといわれる。

考え A

●表現の自由●

どんな表現も自由であるべき

フランス人にとっての表現の自由

「シャルリ・エブド」では、それまでもたびたび、イスラム教を風刺する絵を掲載し、批判をあびていました。

けれども、「表現の自由は、フランス人のもっとも大切な権利」という考えから、掲載を続けてきたのです。事件のあと、シャルリ・エブドに共感する人たちは「私はシャルリ」を合言葉に集まり、テロへの抗議をおこないました。

フランスがこれほど表現の自由を重んじる理由は、その歴史にあります。

自由にものを言えなかった王政時代

今から250年前まで、フランスは、強大な権力をもつ王様とカトリック教会が支配する王国でした。王様や教会を批判した国民は罰を受けたり、処刑されたりして、自由にものを言うことが許されていませんでした。

表現の自由は、フランス人が勝ちとった大事な権利。それをうばうことは許せない。

これに反対する民衆の力が強まり、1789年にフランス革命が起こりました。王様が支配する「王政」をたおして、国民の意見を政治に反映する民主主義の国をつくったのです。そして、政治や学校教育などと宗教を切りはなす「ライシテ」という考え方が大切にされるようになりました。

国民が戦い、自分自身の手で表現の自由を勝ちとったフランスでは、人びとは現在も、表現の自由が制限されることに強い抵抗をもっています。

考え B

●宗教や文化を敬う気持ち●

神をぶじょくする表現は許されない

ムスリムの信仰を尊重してほしい

フランスの国民の多くはカトリック教徒ですが、外国から移り住んだ移民やその子どもたちのなかには、イスラム教を信仰する人が多くいます。シャルリ・エブドを襲撃した犯人も、フランスで生まれ育ったイスラム教徒の若者でした。

イスラム教徒は、預言者ムハンマドが伝えた神の教えにそって生活しています。シャルリ・エブドがムハンマドをえがいて、からかったことは、イスラム教徒にとって大きなくつじょくでした。

どうして風刺画を許せないの？

イスラム教徒は、ムハンマドが伝えた言葉をまとめた「コーラン」を読み、そこに書かれたルールを守って生活しています。たとえば、1日に5回お祈りをする、ぶた肉を食べたり、酒を飲んだりしてはいけないなどのルールがあります。

> イスラム教では、神や預言者を描くことも固く禁じているんです。

コーランでは、神は人には見えない、ゆいいつの尊い存在だとされています。この考えのもとでは、神をイメージした絵や彫刻は、あくまで人間の手でつくったもので、神そのものではありません。神や預言者ムハンマドを絵や彫刻で表すことは、神やムハンマドへのうらぎりにあたります。ですから、イスラム教徒にとってムハンマドが絵に描かれたこと自体、許しがたいことだったのです。

シャルリ・エブド襲撃事件はなぜ起きた？

アフリカからの移民に多いイスラム教徒

　表現の自由も他者の信仰への尊重も、どちらも大切なものですが、ここまで大きな事件に発展した背景には何があったのでしょうか。

　20世紀、急速に経済成長したフランスでは、産業を支える働き手として、外国からの移民を積極的に受け入れました。とくに、かつてフランスが支配していた北アフリカのモロッコ、チュニジア、アルジェリア出身のアラブ系の人びとが大勢フランスにやってきました。

　これらの国ぐにではイスラム教が信仰されているため、フランスに住む移民のなかで、イスラム教徒は大きな割合をしめるようになりました。

▶ 考えてみよう！　テーマ1　表現の自由はどこまで許される？

権力を持っている人に対しても反対の意見を出せるように表現の自由は大切。だけど、ムスリム*3はフランスでは少数で弱い立場にいるよね。

事件のあと、「宗教をぼうとくすることも表現の自由」だと、フランスの大統領は言っていたよ。

ムスリムの女子がスカーフをして学校で授業を受けるのを認めないのは、スカーフが宗教の象徴だから？

特定の人がいやがることをしてまで「表現の自由だから悪くない」といったら、いじめにもつながってしまうと思う。

でも、何を信仰するかはその人の自由だよね。スカーフをつけることは、表現の自由ではないのかな？

　＊3　ムスリム…イスラム教徒（イスラーム）を信仰する人。

フランスの社会や事件に関する記事を読んで、二つのテーマについて考えてみましょう。

くすぶる移民への不満

移民の力を借りて経済成長をとげたフランスですが、経済が悪化し多くの移民が仕事を失っています。貧しい生活の中で、十分な教育を受けられず、治安の悪化も招いています。一方、今も豊かな生活を求めて、正式な手続きをおこなわずにフランスに来る移民もいます。そうした移民に「自分たちの仕事がうばわれるのではないか」と考え、不満を持つフランス人もいます。

またフランスでは、政治や学校教育などと宗教を切りはなすことを原則としているため、公の場でイスラム教徒が、宗教上の伝統や生活習慣を忠実に守ろうとすることに対して、とまどう声もあります。

テーマ2 宗教の尊厳はどこまで守られるべき？

どんな宗教を信仰するかは個人の自由だけれど、暴力や殺人は絶対にダメ。どんなにひどいことを言われても暴力をふるったほうが悪いと思う。

昔フランスに支配されていた国から来る移民は、差別されることが多く、経済的にも苦しいみたい。風刺画のことだけでなく、フランス社会への不満がたまっていたというよ。

事件は一部の人が起こしたこと。イスラム教が乱暴な宗教と考えるのはちがうと思う。

そうだけど、こんな事件が起こらないように、だれかを怒らせるようなことをしなければいいのでは。

イスラム教のことをよく知らないから、なんとなく「こわい」とか偏見をもってしまうのかな。

表現の自由と宗教の尊厳、どう考える?

対立は超えられる?

　シャルリ・エブド襲撃事件は、フランスの社会に大きなショックをあたえました。けれども、すべてのフランス人が、イスラム教徒を非難しているわけではありません。「シャルリ・エブド」が風刺画をのせたことについては、「下品だ」「わざわざ特定の宗教を信仰する人たちを傷つける必要はなかった」と考える人がいます。

　またイスラム教徒のなかにも、風刺画は受け入れられないけれど、暴力でうったえるのはまちがいだと考える人がほとんどです。「イスラム教は本当は平和を願う宗教なのに、一部の過激な人が暴力にうったえるため、危険な宗教だと思われて、めいわくだ」と考える人が多いのです。

▶ **調べてみよう!**　ほかの国では、「表現の自由」はどのように定められているのかな?
宗教のタブーには、どんなものがあるのかな?

悲劇をくり返さないために、立場の異なる人のことを考えてみることが大切だよ。

いま同じ国に住んでいる人は、みんな国の一員。

ふだん差別されるようなことがなければ、たとえ、いやなことを言う人がいたとしても、暴力にうったえることは少なくなると思う。

傷つく人がいないように、表現の自由は、ある程度制限があってもいいと思う。

信仰のかたちを、住む国に合わせることはあってもいいんじゃないかな。信仰をしていることに変わりはないんだから。

いろいろな『表現の自由』をめぐる対立

表現の自由があるからといって、他人を傷つけたり、その人の生活をおびやかしたりするのはいけないことです。日本国憲法では、公共の福祉（みんなが安心して幸せに暮らせること）をこわすような場合は、表現の自由を認めていません。

たとえば他人のひみつをSNSでさらすこと、特定の人や民族、国民をののしることは、許されません。

たとえば…

●アニメのキャラクターの設定

アニメで女性の胸やおしりが強調されている場面がたくさんあると、はずかしくて、いやな気持ちになる。

それもキャラクターの個性。男女によって好ききらいは分かれるかもしれないけれど。いやな人は見ないという方法もある。

 VS

●SNSで政治家を批判

政治家も人間なのだから、SNS上できつい言葉で批判されているのを見ると、かわいそうだなと思う。やりすぎはよくないんじゃないのかな。

政治家がちゃんと仕事をしているかチェックするべきだし、おかしいと思うことがあったら声をあげるべき。そのために「表現の自由」があるんだし。

 VS

犯罪者なら国が命をうばってもよい？

死刑（しけい）はやめるべき VS 死刑制度（しけいせいど）は必要

日本では重い罪をおかした人に対して、死刑（しけい）を課すことがあります。
いっぽう、世界では死刑を廃止（はいし）する国が増えています。

ショウマさんの学校では今度、裁判所（さいばんしょ）に社会科見学に行くことになりました。明日の社会の時間は、裁判（さいばん）についてみんなで話あう予定です。

夕食の時間、ショウマさんがお母さんとテレビを見ていると、数年前に起きた無差別殺傷（さっしょう）事件の犯人に死刑（しけい）の判決が出たというニュースがちょうど流れました。

死刑（しけい）ってなに？

死刑（しけい）は重い罪を犯した人に対し、国が命をうばうことによって処罰（しょばつ）する制度です。日本ではおもに人の命をうばった「殺人罪」や国のしくみをこわそうとする「内乱罪（ないらんざい）」を犯した人に死刑（しけい）判決が出されることがあります。

死刑（しけい）の基準は国によってちがい、一部の国では、麻薬（まやく）を使ったり、にせ札をつくったりした場合にも死刑（しけい）がおこなわれます。

悪いことをしたら死刑（しけい）になるのは当然だよね。

でも世界には死刑（しけい）のない国もあるのよ。国によって意見がちがうの。

繁華街（はんかがい）で通行人を切りつけ、5人を殺害した犯人Kに死刑（しけい）が確定しました。

死刑はいつごろからあったの？

死刑は古代から世界じゅうの国でおこなわれ、昔は一部の権力者が自分の気に入らない人を死刑にすることがよくありました。国家に逆らった人や、宗教弾圧の目的でおこなわれることが多く、見せしめに、人びとが見ている前で死刑をおこなうこともありました。

けれども19世紀に入り、ヨーロッパで市民が力をもつようになると、公平な裁判のもとで、刑罰があたえられるように法律が整えられ、死刑は重い犯罪を犯した人にのみ、おこなわれる刑罰となりました。日本では明治時代以降、「刑法」という法律に基づいて死刑がおこなわれています。

世界では死刑がない国のほうが多い

死刑は、昔から世界中にあった刑罰ですが、第二次世界大戦後、ヨーロッパの国ぐにを中心に死刑を廃止する動きがおこりました。この動きは南米や、オーストラリア、カナダなどにも広がり、現在世界の7割にのぼる112の国で死刑が廃止されています。

そのいっぽう、アジアの国ぐにやアフリカでは今でも死刑をおこなっている国が多数をしめます。アメリカでは州ごとに死刑を廃止したところと現在もおこなっているところがあります。

死刑がある国とない国

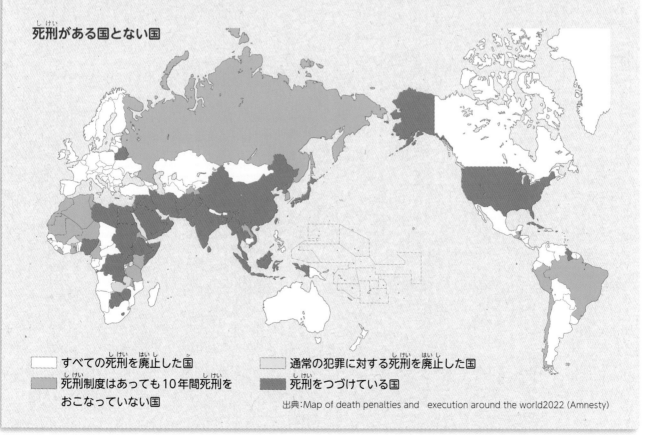

□ すべての死刑を廃止した国	□ 通常の犯罪に対する死刑を廃止した国
■ 死刑制度はあっても10年間死刑をおこなっていない国	■ 死刑をつづけている国

出典：Map of death penalties and execution around the world2022 (Amnesty)

＊宗教弾圧…特定の宗教を信仰する人たちを差別したり、虐殺したりすること。日本では江戸時代にキリスト教徒に対する宗教弾圧があった。

●死刑はやめるべき●
国家が人を殺すべきではない

犯罪者にも基本的人権は認めるべき

　ヨーロッパでは20世紀なかばから、死刑をやめる国が増えていきました。はじめは、「死刑をなくしたら凶悪な犯罪が増えるのでは？」と心配する人が少なくありませんでした。それでも当時の国を率いていた政治家たちは「国が命をうばう死刑は民主主義に反し、人権を侵害するものだ」という考えのもと、死刑制度を廃止したのです。

　死刑が廃止されたあとも、凶悪な犯罪が急増することはなく「死刑はないほうがよい」と考える人が増えていきました。

生きる権利の尊重とえん罪のおそれ

　ドイツでは第二次世界大戦中に政権をとっていたナチス党の厳しすぎる取りしまりによって、国民が大量に死刑にされました。このようなことは二度とくり返されるべきではないという反省から、死刑が廃止されました。

> 生きることは、もっとも重要な権利。たとえ犯罪者であってもそれを国家がうばうべきではない。

　フランスも250年前まで王族が国を支配し、抵抗する人びとが処刑されていました。その後、市民が王政をたおし、人はだれでも等しく権利があると宣言した歴史をもつことから、「犯罪者であっても国家が生きる権利をうばうべきではない」という考えのもと、死刑が廃止されました。

　イギリスではえん罪（無実の罪）によってつかまった男性が死刑にされる事件が起こり、それをきっかけに死刑廃止を求める声が高まりました。

●死刑制度は必要●
殺人罪をつぐなうための死刑制度は必要

遺族の気持ちはどうなる？

　日本では2019年に、国が「『死刑は廃止すべきである』、『死刑もやむを得ない』どちらの意見に賛成か」という調査をおこなったところ、回答者の80%が、「死刑もやむを得ない」と答えました。

　その理由には、「被害者の遺族の気持ちを考えると死刑はなくすべきでない」「凶悪な犯罪者であれば、また犯罪をおかすかもしれない」「死刑がなくなったら、凶悪犯罪が今よりもっと増えてしまう」といったものがあります。

死刑は家族のかたきうち

　日本ではかつて、家族を殺された仕返しに相手を殺すかたきうちの慣習がありました。また大きな失敗をすると、「死んでおわびをする」という考えのもと、自ら切腹する慣習もありました。「死刑もやむを得ない」と考える人が多

被害者は命をうばわれているのに、加害者だけ人権が守られるのは不公平だと思う。

いのは、こうした歴史の影響といわれています。

　中国や北朝鮮など、ほかの多くのアジアの国も死刑を続けています。アジアには家族のつながりを重んじる価値観があり、被害者の遺族の気持ちを重視するためと考えられています。

　また中東や北アフリカの国ぐにで広く信仰されているイスラム教では、人を殺したり傷つけたりした場合は、相手に同様の苦痛をあたえることができるとされています。これも死刑制度が残されている理由の一つとなっています。

死刑をおこなうのは何のため？

刑罰の二つの目的

　刑罰には二つの目的があると考えられています。一つは「悪いことをしたら、それに見合う罰や損害、苦しみを与えられるべき」という仕返しの目的です。死刑は「人を殺したら殺されるべき」という、仕返しの目的でおこなわれる刑罰といえます。もう一つは、「刑罰は犯人が反省し、罪をつぐなうためのもの」で、教育の目的があるという考え方です。この考えに立ち、死刑にするより生かして反省させることが大切という意見があります。

　人の感情は複雑で、被害者の遺族には「死刑制度がいいとは思わないけれど、家族を殺した犯人が生きているのは許せない」という人もいます。

　死刑を廃止した国でも、凶悪な事件が起き、社会の不安が高まったときには、「死刑を復活すべき」という意見が増えることもあります。

▶ 考えてみよう！　テーマ1　死刑にはどんな意味がある？

犯罪者が死刑になっても被害者はもどってこないから、意味がないように思う。

「加害者がこの世に生きていてほしくない」と思う被害者の遺族にとっては、いっしゅん意味があるのかも。

「死刑になる」と思うことで、犯罪を思いとどまる人がいるのなら、意味はあるかもしれない。

犯人が一生、自分がしたことをくやんで反省して過ごすなら、死刑よりも無期懲役のほうが意味があるのでは。

重い罪を犯した人を死刑にすることは、
次の犯罪を防ぐことにつながるかな？

なぜ凶悪な犯罪が起こるのか？

　死刑もやむを得ないと考える人の多くが、「死刑は、犯罪を思いとどまらせる抑止力になるから」と答えています。

　けれど死刑制度のある日本でも、たくさんの人を殺した犯人が「死刑になりたいから、人を殺した」と話すことがあります。死刑は必ずしも抑止力の役割を果たしているとはいえません。

　どんな理由があっても殺人は許されないことです。しかし、凶悪な犯罪を本当に防ぐためには、犯人を厳しく罰するだけではなく、なぜ犯行におよんだのか動機を解明することや、犯罪者を生み出す社会の背景についても目を向けていくことが必要かもしれません。

テーマ2 あなたは死刑はやめるべきだと思う？

死刑がおこなわれたというニュースを聞いたときは、もやもやした気分になる。

死刑には問題があるけど、もし自分の家族が殺されたら、犯人に死刑になってほしいと考えると思うな。

もしも、えん罪だったら、死刑になったあとでは取り返しがつかないから、死刑はいやだな。

国の法律では殺人は犯罪なのに、国が人を殺しているのは矛盾していると思う。

将来も日本は死刑を続けていくべき？

安心して暮らせる社会とは？

　これまで見てきたように、日本では「死刑もやむを得ない」と考える人が多数をしめます。それは昔からの慣習とも結びついています。

　しかし「死刑もやむを得ない」と答えた人のうち、30％以上の人が「将来的には、死刑を廃止してもよい」と回答しているという調査結果も出ています。死刑が始まった古代から、時代はつねに変化しつづけています。現代に合わせて、変えるべきところはないか、考えてみることは大切です。

　アメリカでは死刑のある州とない州を比較したところ、死刑のない州のほうが犯罪率が低かったという調査結果が出ています。こうしたデータも注意深く見ていく必要があります。

　何より大事なのは、安心して暮らせる社会をつくるには、どうしたらいいのか考えることです。死刑をやめるか、続けるかだけでなく、社会のさまざまな課題について考えてみましょう。

調べてみよう！　死刑に対する考えは、置かれている立場によってもちがいます。さまざまな立場の人の考えを調べてみましょう。

安全安心に暮らせる社会にするには、どうしたらいいかな？

事件のことで苦しんでいる被害者や、遺族を支えるしくみもつくる必要があると思う。

死刑判決が出たあとに、えん罪だとわかった事件もあるんだよね。どうしたらえん罪をゼロにできるだろう。

死刑制度がなくても、犯罪発生率が低い国があるのはなぜだろう。そこから学べることはないかな。

事件の犯人に対するネット上の書きこみ、どう思う？

　たくさんの人がスマートフォンを持つ現在では、ある事件が報道されると、ネット上に犯人をバッシングするコメントが次つぎに投稿されます。犯人の住んでいた場所や通っていた学校、写真など、個人情報も流れます。

　一度、投稿した言葉や写真はずっとネット上に残ります。犯人が刑務所で刑期を終えて出てきたあとも、ネットの書きこみから過去の事件の犯人だったとまわりに知られ、就職や結婚ができなくなることもあります。

　みなさんはこうした書きこみについてどう思いますか？

たとえば…

凶悪な事件のニュースを見たら、だれだって犯人に対して言いたいことが出てくるもの。何を投稿するかは自由。

犯人にまちがわれて、無実の人が個人情報を流されることもあるようだよ。やめたほうがいい。

VS

これだけスマホを使うのが当たり前の時代。犯人だって、悪いことをすればこうなることはわかっていたはず。

犯人が反省しても、過去の書きこみのせいで仕事につけなかったら、また犯罪をしてしまうかも。それは最悪。

VS

考え方のちがう相手と、
尊重しあって生きていくには

3つの話題を読んで、あなたはどう思ったかな？

だれもが相手の権利を侵害しようと思って
対立するのではないことがわかったと思う。

それぞれ、考え方や正しいと信じていること、やり方などがちがうことが多いんだ。

そんなときには、どうしたらいいと思う？

たとえば…
もし、自分がその人だったら、どうかな？などと、
一度立ち止まって考えてみるのはどうだろう？

自分が正しいと思っても、いきなり行動しないで、
ゆっくり深呼吸して、よく考えてみて、
自分のなかで整理できたら、話し合ってみよう。

相手のどういうことがらを、自分がこまっているのか、
ていねいに、心をこめて伝えてみよう。
そして、相手の言いたいことにも耳をかたむけてみよう。

そうしたら、意見のちがいが埋まらなくても、相手と握手ができるかもしれないね。

かんたんに解決することばかりじゃないけれど、
少しでも相手と歩みよってみることが大切なんだよ。

キイワードで深めてみよう

6ページから29ページまでで
読んだことをもっと深めてみましょう。
つぎのようなテーマもありますよ。

世界の宗教の歴史について調べてみよう

世界にはさまざまな宗教がある。イスラム教、キリスト教、仏教、ヒンズー教などはよく知られているね。宗教の名前で検索するとあらましがわかる。ほかに、国、歴史、教えなどのサブキイワードで検索してみると、くわしいことがわかるよ。

世界人権宣言を読んで自由と人権について考えてみよう

世界人権宣言を知っているかな？1948年に国連で採択された、すべての人や国が約束すべき基本的人権についての宣言で、正式名称は、「人権に関する世界規約」というよ。宣言は「あらゆる人が、生まれながらにしてだれにもおかされることのない権利をもっている」としている。本も出ているから、読んでその意味を考えてみよう。

死刑制度がある国、ない国について調べてみよう

死刑制度はある（存置している）国とない（廃止した）国、またひとつの国のなかでも存置している地域と廃止した地域をもつ国もあるんだ。制度についてそれぞれの国の姿勢や理由をキイワードにして調べてみよう。

ほかにもキイワードがあるかな。
6ページから29ページまでを見て、さがしてみてね。

●企画・監修・執筆

小林 亮（こばやし まこと）

玉川大学教育学部教授。心理学博士。臨床心理士・公認心理師。慶應義塾大学文学部卒業。同大学院修士課程（教育心理学）修了後、ドイツ学術交流会（DAAD）奨学生として、コンスタンツ大学にて心理学の博士号を取得。パリのユネスコ本部教育局でインターンを行う。2003年より現職。日本国際理解教育学会常任理事（国際委員長）。日本シティズンシップ教育学会副会長。日本学術会議フューチャーアース教育人材育成分科会特任連携委員。日本ESD学会理事（編集委員長）。SDGs指導力育成をめざした教師教育プログラムを開発、実施している。研究テーマは、ユネスコの地球市民教育（GCED）における葛藤解決能力の分析と多元的アイデンティティ。主な諸著に「ユネスコスクール － 地球市民教育の理念と実践」（明石書店，2014年）、「世界を変えるSDGs」（あかね書房，2020年）など。

●構成・編集　永田早苗
●執筆協力　野口和恵
●デザイン　鷹觜麻衣子
●イラスト　田原直子

[参考文献]

P6-13
「『サトコとナダ』から考えるイスラム入門 ムスリムの生活・文化・歴史」
椿原 敦子・黒田 賢治（星海社新書）
「イスラム流 幸せな生き方 世界でいちばんシンプルな暮らし」常見藤代（光文社）
「となりのイスラム」内藤正典（ミシマ社）
「イスラムとジェンダー－男女の優劣と役割－」後藤 絵美（笹川平和財団講演録）

P14-21
「イスラームからヨーロッパをみる　社会の深層で何が起きているのか」
内藤正典（岩波新書）
「なぜ、イスラームと衝突し続けるのか　文明間の講和に向けて」
内藤正典（明石書店）
「日本の中でイスラム教を信じる」佐藤兼永（文藝春秋）
「そうだったのか！　現代史」池上彰（集英社）

P22-29
「死刑」森達也（朝日出版社）
「死刑廃止論　第六版」団藤重光（有斐閣）
「罪と罰の事典「裁判員時代」の法律ガイド」長峰超輝（小学館）

君たちはどう乗り越える？

世界の対立に挑戦！
❷どちらの権利を守るべき？

2024年1月30日　第1版第1刷発行

NDC319

発行者　竹村正治
発行所　株式会社 かもがわ出版
　　　　〒602-8119　京都市上京区出水通堀川西入亀屋町321
　　　　営業　TEL：075-432-2868　FAX：075-432-2869
　　　　編集　TEL：075-432-2934　FAX：075-417-2114
　　　　振替　01010-5-12436
　　　　http://www.kamogawa.co.jp

印刷所　株式会社光陽メディア